Pour mieux comprendre ce qui lui reste faut rendre à l'idée sublime d'Union eu[...]

Et rappeler à ceux de ses vingt-sept membres qui l'auraient oublié d'où vient la bannière bleue aux seulement douze étoiles d'or – qu'accroche à ses balcons notre République mécréante : du Nouveau Testament, *Apocalypse* de saint Jean, 12. « Un signe grandiose apparut au ciel : une Femme ! Le soleil l'enveloppe, la lune est sous ses pieds et *douze étoiles* couronnent sa tête : elle est enceinte et crie dans les douleurs de l'enfantement. » Douze comme les apôtres, les portes de la Jérusalem céleste et les tribus d'Israël. L'emblème qui flotte au-dessus de nos têtes qui ne croient plus au Ciel remonte à l'an 95 de notre ère, Domitien empereur, et célèbre l'imminent avènement du Royaume. Vision mystique engrisaillée, projet politique encalminé : les deux ne sont pas sans rapport. Ils ont raison, ceux et celles qui décrivent l'excellence du programme Erasmus et des soutiens à notre agriculture, qui vantent les bienfaits ou dénoncent les méfaits de l'euro, mais, europhiles ou europhobes, n'auraient-ils pas intérêt à jeter un coup d'œil perspectif sur l'enjeu et l'objet même de leur croisade, pour ou contre ?

1. UN CREDO LAÏQUE

Périodiquement déçue mais toujours solvable est l'Espérance. Ne soyons pas dupes du mot écran de religion, ce latinisme qui nous égare. L'athéisme n'est pas un gage de réalisme ni la laïcité, de positivité. La loi du 9 décembre 1905 réglant les relations entre les Églises et l'État n'a pas sonné le glas des croyances et des créances. Le communisme, lame de fond, et à un moindre degré, les nationalismes et les fascismes, «religions» séculières, ne se sont pas fait enregistrer au Bureau des cultes du ministère de l'Intérieur. Cela n'a pas empêché ces grands mouvements visionnaires de pousser des millions d'hommes au sacrifice, avec une balle dans la nuque pour les sacrilèges. Il est vrai que les cultes séculiers ont une espérance de vie plus courte que leurs aînés et l'européisme, ce culte marial qui s'ignore, ne prélève pas, comme les Molochs susmentionnés, de lourds impôts de chair et de sang, d'intelligence tout au plus. Ceux qui clament «l'islam, c'est la solution» se comptent par centaines de millions ; ceux qui affirment «l'Europe, c'est la solution» n'occupent pas les péages d'autoroute ni les halls de mairie ; seulement les cabinets ministériels, les rédactions, les Fondations et les instituts bancaires. La profession de foi selon laquelle «la France est ma patrie et L'Europe mon avenir» n'en ressortit pas moins au domaine, fondateur et fondamental, du fiduciaire et même du fantastique, entendant par-là non des billevesées ni des à-peu-près mais «les mythes qui sont les âmes de nos actions et de nos amours. Nous ne pouvons agir qu'en nous mouvant vers un fantôme. Nous ne pouvons aimer que ce que nous créons» (Valéry).

Et on ne crée pas sans raison ce que le penseur appelle la Fiducia et le psychanalyste l'Illusion. Elles répondent à des aspirations profondément enfouies dans notre psyché. Quel Européen sensé ne souhaite pas mettre fin à la guerre, à la misère et à l'impuissance, moyennant la création d'une Europe parlant d'une seule voix, souveraine, apte à choisir elle-même ses amis et ennemis et à traiter de pair et compagnon avec les États-Unis et la Chine? À agir réellement et en son nom propre sur le cours du monde et non par des objurgations sans effet? Comment nier le caractère désirable et bénéfique de cette solution, vu les insuffisances patentes du seul échelon national pour relever les défis climatiques, scientifiques et technologiques d'aujourd'hui... On ne peut réduire à une simple erreur de conception «une croyance dans la motivation de laquelle la réalisation d'un désir est prévalante et qui ne tient pas compte des rapports de cette croyance à la réalité» (Freud). Ni à un subterfuge, la vision d'un Jardin au bout de la jungle, quand on sait que «toute la structure sociale est fondée sur la croyance ou sur la confiance» et que le monde politique, comme le juridique et le financier, «sont essentiellement des mondes mythiques» (Valéry).

L'Europe puissance de demain, comme la gouvernance mondiale que d'autres esprits encore plus intrépides nous annoncent, a la force des désirs qui les engendrent, et d'abord, celui d'une humanité ouverte, prospère, inclusive, sans frontières et pacifique. Ce désir ne passera pas comme le café, pas plus que l'au-delà ou la Justice sur terre. C'est une force qui va, et subsistera. Une parole d'évangile, insubmersible parce qu'infalsifiable, n'est pas à la merci des événements qui eux, en revanche, ont à se justifier des déceptions et démentis qu'ils infligent à nos vœux. Sans doute l'européisme fait-il un culte civique faible, et de plus en plus, mais il y a des pensées faibles qui ne sont pas sans mérite. On peut voir en lui, et dauber à l'envi, le cœur d'une société sans cœur, l'esprit d'une époque sans esprit, le point d'honneur d'élites sociales sans honneur, mais ce mythe galvanisant, cet ersatz de messianisme auquel peuvent se rallier maints orphelins d'attentes déçues (anciens maoïstes, communistes ou trotskistes), prend place, à sa façon, à son niveau, parmi les mesures de légitime défense que nous adoptons, sous le nom d'idéologie ou de religion, contre une réalité présente désespérément désobligeante, contrariante et même indéfendable. Cet état brut du monde, sans addition édifiante, le Principe de plaisir au fond de nous-mêmes le refuse de toutes ses forces – en quoi il rejoint son alter ego, le principe Espérance. Comme nous sommes tous en période d'Avent, en attente d'une «nouvelle ère», nous n'avons pas pensé à rire quand Monsieur Duisenberg, alors président de la Banque centrale européenne a lancé : «je suis persuadé que l'introduction de billets en euros apparaîtra dans les livres d'histoire de tous nos pays et même d'ailleurs comme le début d'une nouvelle ère en Europe.» L'homme étant l'être qui ne peut se faire à l'idée d'être ce qu'il est, ce sont les inspirés, les inventeurs d'un «Sésame ouvre-toi» qui portent aux plus vaillantes initiatives, non les arpenteurs géomètres lamentablement exacts. Croire et faire croire qu'on peut et doit attendre ce qu'on espère – pour un mortel, par exemple, la mort comme renaissance et entrée dans la vie éternelle –, convertir un «ce qui serait bien en soi» en un «ce qui sera demain si vous faites ce qu'on vous demande», c'est un service public qu'il faut considérer comme une aide à la personne, charitable et n'attendant qu'une occasion pour se dévouer. Pas de chant du cygne pour les serpents de mer. «L'envie d'Europe» ne disparaîtra pas du jour au lendemain. Et les appels à «refonder» l'Europe connaîtront toujours un grand succès d'estime, à la mesure de leurs déboires successifs. Gardons-nous, devant cette liturgie consolatrice, bardée de chiffres et de bons sentiments, de toute arrogance ou sentiment de supériorité. Refuser de faire droit aux illusions, dans les affaires publiques comme au secret des âmes, ce serait mépriser ce qui fait d'un mammifère un peu lourd, un être humain plein d'allant.

Sans doute y a-t-il loin, dans tout élan collectif de ce type, de l'illuminé à l'intimidé, du sacerdoce rétribué au fidèle bénévole, du temple aveugle et cruciforme de Berlaymont, Bruxelles, à l'hémicycle des croyants, Strasbourg. Et l'entropie – hier des siècles, à présent des décennies – fait déchoir un propos héroïque en un simple certificat de bonne vie et mœurs. S'affirmer à présent bon européen, comme jadis bon chrétien, c'est se ranger parmi les gens fréquentables et l'eurosceptique qui se prive de ce témoignage de moralité, sait se faire discret par crainte de se voir assimilé au nationaliste qui sacrifie l'amitié entre les peuples à de frileux et sordides réflexes. On le sait : ce qui commence en mystique finit en politique, la dissidence retombe en bienséance, et l'enchantement, en billet de confession. Depuis des millénaires. Mais à quelque chose ce dégonflage d'un vœu pieux est bon : l'observateur peut alors prendre son courage à deux mains pour retracer la trajectoire d'un mouvement de foi qui aura beaucoup fait parler, et quelquefois agir, au cours du siècle écoulé.

2. UN TEMPS POUR TOUT

Pour l'Eurotopie, chaque âge de fer a débouché sur un âge d'or. Le « plus jamais ça » s'est imposé d'abord comme une urgente évidence après le monstrueux carnage de 1914-1918. M. Coudenhove-Kalergi lance le mouvement paneuropéen, Romain Rolland la revue *Europe* et Drieu la Rochelle, *L'Europe contre les patries*. L'idée est que les nations étant causes de la guerre, si on en finit avec ces mesquines assignations par des traités et des juridictions, acquise sera la paix dans le monde. Ce mysticisme juridique déboucha en 1925 sur les accords de Locarno, en 1930 sur le plan Briand d'Union fédérale européenne précédé, en 1929, par un fameux discours de notre ministre des Affaires étrangères et Prix Nobel de la paix, à la Société des Nations (SDN) proposant d'établir entre les peuples européens «une sorte de lien fédéral». Ce fédéralisme pacifiste engendra une optimiste et périlleuse mise hors la loi de la guerre par le pacte Briand-Kellogg (le secrétaire d'État américain). La SDN incarnait alors l'espoir que le Droit puisse renvoyer dans l'ère révolue des barbaries, les structures et rapports de force. 1945 assurera un deuxième essor, plus conséquent, à cette enviable visée morale, en particulier, comme après 1918, auprès des anciens combattants, prisonniers de guerre ou rescapés des camps, qui avaient souffert dans leur chair des atrocités de notre guerre de Trente Ans. La période probatoire fut cette fois plus longue, la reprise s'étant donné des bases plus solides destinées à l'ancrer à la fois dans nos procédures, comme moyen de sauvegarde de la démocratie, et sur nos Atlas, par le biais d'institutions régionales indépendantes de l'ONU, l'héritière de la SDN. Inutile de suivre étape par étape un processus combiné de «juridification» et «financiarisation» étalé sur un demi-siècle. Congrès de l'Europe à La Haye, 1948. Résolution de Messine, 1956. Et le Traité de Rome, 1957, créant, après la Communauté européenne du charbon et de l'acier de 1951 (CECA), la Communauté économique européenne (CEE). Il était difficile de ne pas être européen en 1925, ou en 1950. La question est de savoir pourquoi, à présent, il est devenu si facile de l'être aussi peu, ou plus du tout, et pourquoi tant de pavanes pour une infante défunte, blasphématoires mais parfois convaincantes.

3. UNE MALFAÇON ORIGINELLE

La crise migratoire a déchiré l'enveloppe du cadeau de Noël. C'est désormais chacun pour soi, sans vergogne. À défaut de pouvoir physiquement empêcher l'étranger d'entrer chez lui, chaque partenaire reconstitue sa frontière pour faire ressortir le migrant au plus vite, ou le refiler au voisin. L'avortement du projet initial était inscrit dans sa conception même, et sa dégradation en coups de pied sous la table, dans le mode de fabrication choisi par les Pères fondateurs, au premier chef M. Monnet, économiste, banquier de son état, et membre hyperactif de la Françamérique. Ce pur produit de «l'ère des managers» (Burnham, 1941), témoin de l'avènement, dans son pays de Cocagne, d'une nouvelle couche dirigeante et dynamique, celle des organisateurs, a cru pouvoir décalquer le modèle «États-Unis d'Amérique» sur les futurs États-Unis d'Europe – en faisant sien le mot d'Henry Ford, «l'histoire, c'est de la foutaise». Et la géographie aussi. Il revient, pense-t-il, à l'*homo œconomicus* de prendre les rênes. Aussi Monnet et Schuman, adeptes d'une stratégie furtive, voulurent et réussirent, en avançant masqués, à lancer l'Europe économique pour accréditer et acclimater un agenda politique. Leur conviction était que d'un Marché commun sortirait, par une succession de petits pas, une Europe fédérée, comme on fait un enfant dans le dos à une dame réticente, et elle l'était effectivement (ainsi que l'avait montré la remise au placard, en 1954, de la Communauté européenne de défense). Cette superstition, propre à ceux que Balzac appelait les «hommes spéciaux», sut tirer profit d'un moment historique exceptionnel, quand les vieux antagonismes nationaux se trouvèrent gelés, dans l'après-guerre, par l'équilibre de la terreur instaurée entre les suzerains respectifs des deux Europe, Est et Ouest. La dissuasion nucléaire («destruction mutuelle assurée») nous délivrait de nos guerres civiles. C'est la paix mondiale par la mise hors jeu des arsenaux et des méfiances traditionnelles qui a fait l'Europe unie, et non l'inverse (comme nous aimons à le répéter car c'est flatteur pour nous). Mais si un réalisme d'entrepreneur a pu devenir un idéal politique, c'est par la formation d'un *ministère de coalition* entre deux *illuminismes* jusqu'alors concurrents, qui virent là un moyen à mettre au service d'une vision de l'avenir, plus que rémunérateur, messianique. Soit la confluence de deux millénarismes à feu doux, l'un agnostique, le social-démocrate, l'autre, confessionnel, le démo-chrétien. D'un côté, un culte laïque de latrie – l'adoration n'allant qu'à Dieu. De l'autre, un culte de dulie hérité des Lumières, respect et honneur allant aux champions de la Paix et du Droit. Cette alliance entre deux autorités morales et deux couches sociales, a permis à une procédure techno-juridique de mordre sur les imaginaires. Deux familles d'esprit, deux systèmes de valeurs adverses, l'anticlérical et le clérical, mais partageant une même conception linéaire du temps, fléchée vers une fin et télécommandée par elle : ici, le triomphe de la Raison ; là, celui du Salut. Deux attentes d'un avènement fondées sur la certitude que l'Avenir et le Bien ont partie liée. La Raison, vide unificateur dont la mission est d'unifier le divers, exige de confédérer les particularismes fauteurs de troubles, en sorte que la transition du National à l'Européen répond à une nécessité logique, indiscutable. Le Salut, c'est un pas de plus vers la descente d'une Grâce plénière annoncée par les Écritures. C'est à Rome, cité sacrale hautement symbolique, que fut signée cette promesse de régénération (1957). À la première mouvance, le Traité promettait la Paix par le Progrès et à la seconde, la Paix par le Christ. Un jésuite belge planta aussitôt le symbole johannique sur l'Europe vaticane. Et c'est un pape visionnaire, Jean-Paul II, qui a célébré à Saint-Jacques-de-Compostelle la « cérémonie pour l'Europe » (9 novembre 1982) en donnant deux patrons à l'entreprise en cours, saint Dominique d'un côté, Cyrille et Méthode de l'autre, seuls susceptibles de faire un trait d'union entre l'Europe occidentale et l'orientale. Le trône *pontifical* n'est-il pas habilité ès qualités à jeter un *pont* entre nos deux rives ? Et le christianisme n'avait-il pas tenu l'Europe sur les fonts baptismaux ? Pour donner de la chair à la chimère, le propos n'avait rien d'irréaliste.

Le *socialo* des Trente Glorieuses célébrait une étape sur la voie de l'unification finale du genre humain (via la sacro-sainte Trinité, arbitrage, sécurité collective et désarmement). Les Pactes et Traités désarmeront les passions tristes, le multilatéral liera les mains de l'unilatéral, l'Esprit vaincra la Nature. Le *catho* célébrait le premier stade d'un remembrement de la Chrétienté dans son berceau historique, comme introït à la réconciliation prophétisée par Isaïe du loup et de l'agneau. Contre le péché politique, la rédemption charismatique. Tardive revanche des guelfes médiévaux contre les gibelins, des *noirs* contre les *blancs*, du Sacerdoce contre les

Royaumes. Ces deux marches vers la lumière, via une même Cour de Justice, se sont réparties dans la foulée les responsabilités pratiques, et la mission de répandre la Saine Doctrine, à ceci près qu'une dramaturgie vieille seulement d'un siècle ou deux ne faisait pas le poids face à une dramaturgie âgée de deux millénaires, ancrée dans des cœurs innombrables. Malgré la déchristianisation, le démo-chrétien a mieux résisté que le socialiste à l'usure, dans la Commission, le Parlement et le Conseil. Le rose, aux postes de direction, doit s'effacer devant le bleu marial (le vert hésitant entre les deux). Le dur survit au mou, comme dans la presse quotidienne française, *La Croix* au *Populaire*.

Avec le présentisme numérique et l'individualisme consommateur, les anciennes promesses eschatologiques ont dû se replier sur une gestion petit bras des effets de traîne évangéliques et jaurésiens. Le poétique a fondu, mettant l'économique à nu. Classique revanche du moyen sur la fin, et du denier du culte sur la finalité du culte. Délestée de son aura, celle des fins dernières, l'Europe réduite à ses astreintes budgétaires ne fait plus soupirer mais grincer. Les chiffres ont pris les commandes, le Livre des comptes devient le Livre Saint, et l'expert-comptable, un haut dignitaire. Problème. Ce qui était au départ une naïveté d'économiste accréditée et renflouée par un reste de foi traditionnelle et populaire tourne au hobby des professionnels de la profession, économistes et juristes. Les *mobinautes* multi-passeports des centres-villes qui mangent bio et prennent l'avion carbonifère continuent d'adhérer, c'est le sort des éponges, mais « les gens qui fument des clopes et roulent au diesel » (selon les termes d'un ministre très « européen ») désertent les lieux de culte et de vote. Les nantis aussi ont droit à un coin de ciel bleu mais Tartempion, lui, décroche.

La division des tâches entre jours fériés et jours ouvrables est une fatalité propre à la gestion au jour le jour des plus belles causes. Dans l'administration quotidienne d'un social-libéralisme œcuménique, l'aile gauche, clergé séculier, veille à la pastorale, l'aile droite, épiscopale, au 3 %. Au Colloque les valeurs, à la Commission, les décrets. Le banquet libertaire prend les lointains horizons en charge, le banquier libéral, les problèmes immédiats. Ses sanctions pour entorses à la règle défrisent le *vulgum pecus*, mais la méthode Coué, côté gauche, replacera bientôt le côté droit dans un éclairage plus réconfortant. Tels sont les liens immémoriaux de la foi et de la mauvaise foi.

De même l'historien trouvera-t-il confirmation de la puissance des féeries sur les esprits les plus rassis, en voyant quelles couleuvres ils ont pu avaler, sans cesser de bomber le torse. La gauche « socialiste », en France, avec le point de mire se substituant au socialisme que fut, dans les années 1980, «l'Europe sociale», a fini par faire sienne la loi du marché (privatisation des services publics, démantèlement de l'État-providence, dérégulation de l'économie) et à communier dans le dogme, peu socialiste, d'une concurrence libre et non faussée. La droite «nationale», de son côté, a fait le nécessaire pour hisser Berlin sur le podium du chef d'orchestre, jusqu'à renier l'engagement qu'avaient pris les deux capitales de respecter l'égalité des représentations au Parlement et la parité des voix au Conseil. «Il faut une Europe forte pour contrôler l'Allemagne», murmure-t-on à Paris. «Il faut une Allemagne forte pour contrôler l'Europe», pense-t-on à Berlin mais sans le dire et avec plus de succès. Même si les prémisses du raisonnement ne pouvaient finalement qu'allouer la première place à la première économie du puzzle, et l'idéal fédéraliste, à une République constitutivement et ancestralement (le Saint Empire) fédérale, il n'en reste pas moins qu'il a fallu de l'abnégation pour se séparer des biens de famille respectifs, ici, les «intérêts des travailleurs» et là, les «intérêts nationaux». Cet esprit de sacrifice mérite quelque reconnaissance.

Les freudiens, eux, verront confirmation du caractère intrinsèquement juvénile des «illusions» en voyant défiler projets de refondation, relance ou nouveau départ. Les âmes fortes résistent aux déprimes passagères. On tricote, cela se détricote, on retricote : rythme décennal du « nouvel élan ». Il faut s'imaginer Sisyphe heureux, et le boute-en-train européen n'est pas mou du genou. Les pasteurs soucieux de faire renaître l'espoir chez des ouailles un peu moroses – *sursum corda!* – trouveront toujours une écoute attentive. Sans doute les bons apôtres d'un nouvel ordre fiscal, juridique et rédempteur s'éviteraient-ils des dépenses inutiles, en temps et matière grise, en substituant aux boucs émissaires du désamour le *Nec ridere nec lugere sed intelligere* de Spinoza, philosophe de la nature. Ils pourraient alors prendre quelque distance envers l'insoutenable légèreté de l'économicisme et se demander si cette affaire n'avait pas été mal enclenchée, dès le départ, en dépit de la nature des choses, hypothèse qui rendrait assez naturelle son autodestruction.

4. LA GRAMMAIRE FÉDÉRATIVE

L'édifice baptisé par Jacques Delors d'OPNI (Objet Politique Non Identifié) évoque moins un chef-d'œuvre d'Irrealpolitik que d'Antipolitique. C'est le danger qu'il y a à se croire, et sans doute à être, plus intelligent que les autres, en voulant faire du neuf, du hors-norme, pour feinter ce que Verdi appelait « la force du destin ». On a beau savoir qu'il n'y a pas de leçon de l'histoire, c'est faire le demi-malin, comme il y a des demi-savants, et finalement manquer de jugeote, que de s'imaginer pouvoir enjamber « les simplismes bestiaux » (Valéry) qui, depuis le néolithique, semblent présider à l'opération propre-ment politique (caractérisant, en amont de la politique, le politique) consistant à transformer un *tas en tout*. Elle est résumée par la dense devise nord-américaine *ex plu-ribus unum* (qui fait d'une disparate interne non une fai-blesse mais une force). Il y a des cinémas en Europe mais il n'y a pas de film européen (sauf *europudding*). Il y a des athlètes en Europe mais il n'y a pas d'équipe européenne aux Jeux Olympiques (sauf à la *Ryder Cup*, la coupe Da-vis du golf) et quand un perchiste français monte sur le podium, ses compatriotes se contentent d'une *Marseil-laise*. Il y a des journaux en Europe mais il n'y a pas de quotidien européen (une fois disparu le *New York Herald Tribune*). Il n'y a pas de siège pour l'Europe à l'Assem-blée des Nations Unies. Les machinistes bruxellois ont beau remplir les obligations du ministère avec zèle, la transcroissance d'une machinerie en organisme a fait faux bond. L'espoir qu'en créant par décret un Parlement européen, s'ensuivrait un peuple du même nom, ou que d'une monnaie unique naîtrait une économie unique, n'a pas été exaucé. La charrue avant les bœufs n'a pas creusé de sillon. Il suffit de mettre côte à côte un dollar et un euro, lapsus révélateurs, pour saisir *de visu* la différence. L'euro est un billet de Monopoly, sans date, sans lieu ni devise, illustration fantomatique d'un *no man's land* incorporel. Le dollar incarne une mémoire et un territoire, avec une géographie (des sites), une généalogie (les Pères fondateurs) et une métaphysique (*in God We trust*). L'euro ne nous raconte aucune histoire, paysage ou transcendance. Le paradoxe étant qu'un billet vert aussi circonstancié ait pu devenir la monnaie mondiale, instrument d'une hégémonie universelle, tant il est vrai qu'il n'est pas d'universel qui ne soit greffé sur une particularité locale – dans les romans comme au Forum. La plante humaine a besoin d'humus. Une éthique privée d'*ethos*, cela flotte en l'air. Comme disait Aimé Césaire, un homme des Lumières s'il en fut : « provignement, oui, dessouchement, non ». Ce n'est pas le *Zollverein*, l'union douanière, qui a fait l'unité allemande, c'est Sadowa, Sedan et les Nibelungen (plus la bière, Luther et la Forêt Noire). On peut comprendre la volonté de nos amis allemands d'expier le fer et le feu bismarckien, ainsi que les horreurs hitlériennes de la terre et du sang, comme qui tord un bâton dans l'autre sens pour le remettre droit, mais une conception chlorotique des relations sociales finit par tourner en rond. Ce rose pâle peut même inciter le plus noirâtre à renaître. Le « patriotisme constitutionnel » de M. Habermas, en état d'apesanteur, songerie philosophique qui jouit d'une forte réputation dans nos universités, fait douter qu'un extrémisme logocentrique puisse guérir d'un extrémisme romantique. Une lubie gentille, le hors-sol, à la suite d'une autre, tellurique et féroce, cela ne fait jamais que deux lubies.

Si l'UE ressemble à un rassemblement pour la photo de groupe, elle le doit pour beaucoup à son défaut d'inscription dans l'espace et dans le temps. *Europe* reste un mot faible qui n'implique que faiblement ceux qui l'utilisent (un nom sans substitut commun possible, tel que pays, État, nation ou patrie), parce qu'elle ne suscite chez ses administrés aucun vibrato affectif, incolore et inodore parce que trop cérébrale. Bonne à concevoir plutôt qu'à sentir, à calculer plus qu'à imaginer, comme toute vue de l'esprit pauvrement musicale, la marotte des têtes pensantes contourne les cœurs simples. George Orwell ne supportait pas l'idée qu'un Anglais puisse écouter le *God Save the King* sans se mettre au garde-à-vous. Nous craindrions, nous, pour la santé mentale d'un passant se figeant sur le trottoir à l'écoute de *L'Hymne à la joie*.

Pour un linguiste, ce jeu de construction ressemble à une faute de syntaxe, qu'il s'agisse d'un solécisme (emploi fautif de formes par ailleurs existantes) ou d'un barbarisme (un n'importe quoi). L'examen des faits d'unification attestés suggère comme une *grammaire fédérative*, où se retrouvent, sous des formes variables, quelques invariants : un maître d'œuvre, un ennemi et un récit. Un catalyseur, une frontière et une fable. *Frontière* renvoie à un dedans/dehors, dans un rapport d'opposition à une puissance étrangère, britannique, austro-hongroise ou française. *Catalyseur* renvoie à un agent historique, le Yankee industriel avec Lincoln, la Maison de Savoie avec Cavour, la Prusse avec Bismarck. *Grand récit* renvoie à une légende, une affabulation collective. Une géographie, une force armée, un imaginaire – tels sont les pieds de biche qui ouvrent la voie du pluriel au singulier, en pulvérisant « un luxe de végétation inutile » (qu'étaient les dynasties locales aux yeux du Chancelier de fer). *L'Italia fara da se* est présomptueux si l'on pense aux secours étrangers dont l'Italie a pu bénéficier, étatiques ou personnels, mais non inexact au vu de l'auto-création, l'école et l'armée aidant, de patriotes italiens en quelques décennies, forts d'une langue vernaculaire, d'une cartographie assez simple et d'un fonds culturel commun (à Mazzini comme à Garibaldi), le tréfonds catholique. L'Italie a fait son unité en livrant une guerre d'*indépendance* contre Vienne, la Prusse contre les Habsbourg, et les premiers États-Unis contre la Couronne britannique. Exister, c'est se séparer, se poser, s'opposer et inclure, exclure : vérités de La Palice, peut-être, mais dont l'histoire de notre Union régionale ne constitue malheureusement pas l'exception confirmant la règle. Elle confirme a contrario le caractère hélas indispensable de deux opérations : la fabrication et l'entretien d'un ennemi, car tout regroupement est fils de la peur, encore plus que de la faim ; et la confection d'un mythe porteur ou d'une « fable d'identité » (Carlo Ossola), car il n'est pas d'estime de soi sans un idéal du *nous* digne d'estime.

5. UN VÉHICULE SANS MOTEUR

Une entité idéologique, à l'instar de l'Oumma isla-mique ou de l'Union des républiques socialistes sovié-tiques – espace supposé conquérant – se reconnaît à des bords laissés flous, en pointillé. Ce que ne sont pas les États-Unis d'Amérique, que tout un chacun peut situer sur une mappemonde. L'élasticité a un prix : l'amorphe. On ne peut pas attendre d'un ectoplasme sans rivage ni visage qu'il ait un numéro de téléphone, une volonté ou un cardiogramme. Une finitude, un « ici et non plus là », c'est attristant et frustrant, mais toute délimitation dans l'espace, en soi malheureuse, a deux effets heureux. D'abord, cristalliser une adversité, voire une altercation, prélude à toute identité. Pas de personnalité sans un faire face. C'est après Poitiers (dans une chronique mo-zarabe, décrivant la bataille cent ans après) qu'apparaît l'adjectif « européen », qui renaît à Lépante, et ensuite face à Staline, lequel a beaucoup fait pour l'Union. Une menace, un ennemi, c'est un réveille-matin roboratif. S'il s'avérait que l'UE avait pour idéal d'être l'amie de tout le monde, sans plus jamais personne à affronter – autre que des terroristes éparpillés, marginaux commandités ou non, menace sécuritaire mais non vitale –, il faudrait en conclure que l'histoire de «l'Union européenne» aura été l'histoire de la sortie de l'Europe de l'histoire. À vrai dire, cet ensemble n'y est jamais rentré, n'ayant pas eu à déployer sa pieuse bannière bleu-ciel sur un champ de bataille, sinon comme supplétif ou aumônier. Lorsque «l'Europe» rayonnait sur le monde, pour le meilleur et pour le pire, elle n'existait pas comme Institution ou Confédération.

Deuxième avantage, crucial, d'une démarcation à l'horizontale : la nécessité d'un fil à plomb vertical, en vertu du principe d'incomplétude («aucun système ne peut se clore à l'aide des seuls éléments de ce système» – on résume au plus court). Sans quoi le composé se décompose, par défaut de transcendance et surcharge d'immanence. Incertitude (géographique) et amnésie (historique) ruinent le réflexe de solidarité, d'entraide spontanée entre des parties que rien de viscéral ne relie. On dit que le propre de l'Europe est de ne pas avoir de propre, et que son identité consiste à accueillir toutes les identités. À quoi alors s'identifier ? De quelles valeurs se réclamer, en dehors de celles, on ne peut plus générales et guère contraignantes, qui figurent déjà en toutes lettres dans la Charte des Nations Unies et la Déclaration universelle des Droits de l'Homme ? Avec quoi se refaire un peu d'orgueil, une fois que la nation n'en confère plus ? Et comment se projeter dans un nulle part quand les gens de quelque part, chez eux, sont déjà assez mal lotis ?

« L'imaginaire gouverne le monde », professait Napoléon, à qui l'on doit notre fabrique d'images à Épinal. C'est vrai pour tous les pays, non pour l'Euroland, qui s'en tient aux réalités sonnantes et trébuchantes, en dépit de la mise en garde de Valéry : « Que serions-nous donc sans le secours de ce qui n'existe pas ? » Son dernier avertissement, en 1945, eut au moins mérité réflexion : « Il serait indigne de l'esprit européen de s'abandonner, même à la réalité. » Pourquoi indigne ? Parce que des humains ne peuvent s'unir que dans et par ce qui les dépasse. Et ce qui les dépasse n'a pas d'actualité immédiate. « On ne se rejoint qu'à l'infini », disait Saint-Ex. C'est un âge d'or passé ou à venir, « un Royaume qui n'est pas de ce monde », ou « la maison en haut de la colline ». C'est une fantasmagorie, un beau mensonge, une fausse nouvelle, un roman, un grand récit, appelez cela comme vous voulez, mais c'est la légende qui fait colle. *Manifest Destiny* des Américains, *Tan-Xia* des Chinois, *Peuple élu* en Israël, et ainsi de suite : aucun ensemble durable ne tient ici-bas qui ne s'accroche à une invraisemblance en amont. Pas d'*inter* sans *méta*. Pas de communion sans fiction. Et c'est précisément parce que le petit cap de l'Asie abrite un maximum de diversité dans un minimum d'espace, au contraire de l'Amérique du Nord, minimum de diversité dans un maximum d'espace, qu'il aurait eu besoin d'un fédérateur plus altier qu'ailleurs. Immémoriale contrainte. L'esprit produit l'idée, l'émotion donne la force. Une idée sans émotion n'est pas motrice.

6. LE *TURN-OVER* HÉGÉMONIQUE

Malraux a noté que «le monde moderne porte en lui-même, comme un cancer, son absence d'âme.» Nuançons. On ne détruit que ce que l'on remplace, et l'âme ayant, comme la nature, horreur du vide, il n'y a pas, dans ce domaine, d'absentéisme durable. L'âme érasmienne de l'Europe, où avaient pu communier, avant-guerre, Stephan Zweig, Salvador de Madariaga et Romain Rolland, a dû céder la place à une autre, technoïde et comptable, notre carburant d'aujourd'hui. La *diminutio capitis* de 1945 ne pouvait que remettre à jour la vision paneuropéenne de l'entre-deux-guerres. Encore eut-il fallu un esprit pour faire naître un corps. Un esprit distinct, sans confusion possible, pour une personnalité originale. Mais l'Européen, qu'il soit méditerranéen, rhénan ou balkanique, fut doublé par l'Océan global. Le merveilleux industriel d'outre-Atlantique est venu occuper les quatre cinquièmes des écrans de cinéma, les deux tiers des émissions musicales à la radio et des BD, la quasi-totalité des galeries d'art contemporain, les facultés des sciences et de philosophie, les jouets, les papilles et les magazines. Quand le corps se métamorphose, avec ses sensations, ses goûts, ses rythmes, ses visuels et ses fringales, l'esprit aussi se modifie. Et cette Europe dont un chroniqueur rigoureux disait dès 1937 qu'«elle aspire à être dirigée par une Commission américaine», put satisfaire, dès 1947, le Plan Marshall aidant, son vœu de se mettre à l'abri. En devenant un *Dominion* (liberté au dedans, docilité au-dehors) – selon le terme utilisé pour décrire cette Impuissance à la remorque, par Julien Gracq, incomparable professeur d'histoire-géo. L'Européen a des velléités mais, à la fin, il fait où Washington lui dit de faire, et s'interdit de faire là où et quand il n'a pas la permission.

« Les Européens se sont accommodés de la vassalisation », s'étonnait hier Jean-Pierre Chevènement. C'est un mot déplaisant, comme celui de suzerain. On doit dire *relation transatlantique, communauté de valeurs* et *partage du fardeau*, ou *burden sharing* (la novlangue des diplomates a de remarquables fonctions anesthésiantes, voire euphorisantes). *Vassalité* est déplacé, d'autant plus qu'elle est vécue à l'ouest comme un remorquage (vers la postmodernité) et à l'est comme un rempart sécurisant (face à la Russie). Ce qu'on avait longtemps pris, derrière Milan Kundera, pour «une Europe kidnappée», s'est révélé l'enfant adoptif préféré de l'oncle Sam, pour lequel l'UE est une aimable feuille de vigne, un *stop over* pour rejoindre l'OTAN et la *Star Spangled Banner*, en troquant un grand Frère contre un autre. Mais pouvait-il en être autrement, dans nos contrées, dès lors qu'une civilisation dynamique et englobante venait à folkloriser nos cultures locales, transformées en écomusées, séjours touristiques et Venises encombrées ? Ce n'est pas par servilité mais par inculturation que l'extraterritorialité du droit américain est vécue comme naturelle. On ne comprendrait pas sinon qu'on accepte aussi facilement d'être taxé (acier et aluminium), racketté (les banques), écouté (la NSA), pris en otage (l'automobile allemande), commandé ou décommandé in extremis (militairement), soumis au chantage (nos entreprises en Iran), etc. L'hyperpuissance a obtenu sa naturalisation, et nous vivons comme nôtres ses conflits domestiques (tous de cœur derrière Mme Clinton, la bonne Amérique, contre la méchante, celle de Trump, en nous affiliant au Parti démocrate). « Le pouvoir, c'est de régner sur les imaginations », disait Necker, et l'américanisation de notre espace public (les « primaires ») a suivi celle de nos rêveries intimes. C'est dans les gazettes : le rêve d'un chef d'État européen est de devenir l'« interlocuteur préféré » du Président américain, quel qu'il soit, – d'où les jeux de coude dans les G7 et les G20 ; et le plus beau souvenir d'un ministre de la Culture française, c'est, à l'entendre, le jour où il a pu décorer rue de Valois une vedette d'Hollywood de passage à Paris (garantie d'une Une dans le journal et d'un 20-heures à la télé). Que le dernier en date des présidents de la Commission européenne, M. Barroso, son mandat terminé, réapparaisse aussitôt comme président de Goldman Sachs international à New York, avec un grand sourire, ne fait plus lever un sourcil.

La Chrétienté médiévale avait le latin en *lingua franca*. C'était la langue des sciences théologiques, alors pilotes. L'Europe postmoderne l'a remplacé par l'anglais, la langue des soi-disant sciences économiques, soit une théologie sans Dieu contre une autre avec. Bien qu'elle soit la langue natale, après le Brexit, de 1 % de la population concernée, Malte et l'Irlande, c'est devenu, dans les enceintes dédiées, la langue de travail, de communication et de programmation. Chacun sait qu'une langue véhiculaire est beaucoup plus qu'un moyen de transport en commun qu'on peut emprunter comme le métro ou le bus pour aller d'une idée à son signe. C'est une paire de lunettes qui formate les idées et colore le monde. On ne parle pas, on pense *dans* la langue que l'on parle, et en l'occurrence ce n'est pas, on s'en doute, celle de Shakespeare, mais l'*anglobal* des enseignes, des pubs et des écrans. Nous reprenons tous le mot d'Umberto Eco, la traduction est la vraie et seule langue de l'Europe, après quoi nous partons rejoindre nos collègues dans un amphi où nous devons, chercheurs ou enseignants, adopter un lexique d'oligophrène pour réussir à nous comprendre de travers. Le *cost-killing* fait l'économie des frais de traduction dans nos cérémonies dites culturelles, où le drolatique au soporifique se mêle. Qui n'a connu l'invincible ennui du colloque à Rome, Paris, Madrid, Athènes, etc., avec *pidgin* de cent mots, *starting joke* obligatoire, majeur et index brandis pour la citation, et un *Power Point* aux ratés quasi protocolaires ? La fabrique du pauvre d'esprit par le pauvre point, suite à la taylorisation d'activités cérébrales par un sabir eurocidaire et passe-partout, ajoute à une Europe lissée et détimbrée ce qu'on eut appelé jadis un supplément d'âme, si ce n'était un retranchement. La traduction simultanée, plusieurs dépliants au lieu d'un seul, cela grève le budget, sans doute, mais la conversion en monoculture d'une République des lettres multilingue se payera encore plus cher, par le sacrifice d'un génie singulier sur l'autel raboteur du *cheap* et de l'*easy*. *In varietate concordia*, dit la devise. Avec, en terminus, une Europe monocorde où la circulation des esprits sera en raison inverse de celle des marchandises, et l'Université de chaque pays le copié-collé de sa voisine, mise au format métropolitain du *graduate* et *postgraduate* (frais d'inscription faramineux, découpage semestriel, système des crédits, etc.).

7. DES AVERTISSEMENTS POUR MÉMOIRE

Il est dommage que les plumes parfois excellentes de nos présidents recherchent les quartiers de noblesse requis dans les visions francocentriques de Victor Hugo, pour qui l'Europe serait une France continentale, capitale Paris, langue unique, le français, et non dans les constats médicaux de Valéry, clinicien de génie et Européen archi-militant. Il nota dès 1938 que « l'Europe n'aura pas eu la politique de sa pensée », et conclura, avant de mourir, « l'Europe est finie ».

Un avis de décès en 1945 quand elle n'avait pas encore commencé, peut sembler une grosse bourde, mais il avait de l'avance. L'Europe finissait, et l'Occident commençait, chapeautant la première. Ce ne serait ni le même périmètre ni le même esprit. Cela n'allait plus « de l'Atlantique à l'Oural » ou de Brest à Saint-Pétersbourg – mais de Los Angeles à la ligne Oder-Neisse. Cela n'était plus l'aire où Virgile a été lu, et reste un vague souvenir, placée sous la triple égide d'Athènes, Jérusalem et Rome, avec le *mare nostrum*, la *Méditerranée*, au centre. Cela aura bientôt son « architecture de sécurité », le Traité de l'*Atlantique nord*, chaîne de commandement partant de et aboutissant à la Maison Blanche. Ce sera « le monde libre », l'Ouest face à l'Est (« *The West and the rest* », disent les mémos du State Department), qui fera que les exercices des armées françaises en France continuent encore aujourd'hui de se dérouler en anglais. Dans ce nouveau cadre, l'Europe sera réceptrice et non plus émettrice. Non plus source d'innovations, de modèles et de modes, comme l'avait été jusqu'alors la civilisation européenne, mais réceptacle, relais ou imitatrice. Quand d'exportateur, il est devenu importateur de clips, de philosophies, de musiques et de prothèses, l'Ancien Monde a dû troquer son esprit propre, consistant dans l'association, inédite de quatre facultés partout ailleurs incompatibles − « *le sens critique, l'imagination, la confiance et le scepticisme* », contre un autre esprit, associant, lui, *God* et le *greenback*, la prière et le fric. Comme une pente à débouler, d'autant plus, comme Keynes le notait au même moment, que « les nouvelles générations entendent jouir de tous les avantages que leur a procuré le monde de leur père, mais sans en payer le prix » − demande habituelle de resquille, la rupture de tradition faisant partie des traditions, qui vont des chasseurs-cueilleurs jusqu'aux *digital natives*. Tels furent les contrecoups logiques de la victoire sur ses deux côtes océanes de la première puissance mondiale, venue chez nous coiffer, en 1944, et pour notre soulagement à tous, l'admirable irrédentisme britannique. Épilogue d'une rétrogradation dont le prologue avait été la Grande Guerre (1914-1918), qui amena un vieil Européen lucide à conjuguer l'Europe à l'imparfait.

À la génération suivante, d'autres convaincus mais

gardant les yeux ouverts ont eu les mêmes doutes sur l'avenir. Ainsi l'essayiste Emmanuel Berl, auteur d'une remarquable *Histoire de l'Europe*, assistant aux progrès du Marché commun, avouait-il sa perplexité: «On est tenté d'en conclure que l'Europe est en train de se faire. J'en suis moins sûr: il ne me semble pas que depuis quinze ans le sentiment européen ait gagné en puissance. Je n'oserais même pas affirmer qu'il n'ait pas perdu.» «Entre les Allemands, les Espagnols, les Français, la fraternité n'est pas plus forte qu'en 1925. Je ne suis pas sûr qu'elle ne soit pas plus faible», notait-il, paradoxalement. Pourquoi? Parce que «le propre des Européens est de se refuser eux-mêmes à leur unification, comme ils ont toujours distingué le spirituel et le temporel, que l'islam, Rome, la Russie et la Chine confondent.» Cette réticence, ajouterons-nous, n'est pas de leur faute. Elle est inscrite dans leur histoire et ce qu'elle a de plus précieux, la séparation entre l'esprit et la force. Pour s'unifier, il faut un César ou un Pontife. Or un pouvoir politique trouvera toujours en face de lui des autorités morales indépendantes, et un magistère moral, des pouvoirs politiques rétifs. La synergie du spirituel et du temporel, qui assure la cohésion d'un corps politique, est effective en Russie et aux États-Unis, où le Temple et le Palais, le céleste et le terrestre font cause commune – avantage, ici, du cesaro-papisme, et là, d'une théo-démocratie. La crosse et l'épée, chez nous, ne s'alignent pas l'une sur l'autre, et sacrifier cette miraculeuse incohérence à une cohésion artificielle n'eut sans doute pas été une bonne affaire. Ne forçons pas notre nature, nous ne ferions rien avec grâce.

Ce n'est pas faute, pour nos penseurs, d'y avoir pensé, à cette unité fantomatique. Ni d'avoir thématisé, sondé, conceptualisé, ausculté « l'Europe unie », avec une intarissable stérilité. Les unités italiennes et allemandes se sont opérées au XIXe siècle par des faits accomplis et des coups de force *suivis* et non précédés de Congrès, Conventions, Forums, Motions, Sommets extraordinaires et Réunions de la dernière chance. Dans notre cas, nous avons plutôt affaire à un film où la bande-son tient lieu d'intrigue. Le ratio anormalement élevé bla-bla/ action peut inquiéter l'observateur attaché aux accomplissements plutôt qu'aux allocutions, mais ne doit pas pour autant faire oublier l'utilité des logorrhées pour la psyché collective. Dix-sept siècles de subtiles controverses théologiques dans vingt Facultés différentes d'Occident n'ont pas peu fait pour donner au Créateur du Ciel et de la Terre un incontestable ascendant sur la vie courante de nos aïeux. Un demi-siècle d'ouvrages inspirés, d'apostrophes intimidantes et de plans sur la comète a donné à l'Union européenne une certaine présence dans les discours et la conversation et il ne faudra pas demain lui dire, à la créature bruxelloise, dans son dédale de blocs de verre et de béton, comme le poète à sa fileuse, «Tu es morte naïve au bord du crépuscule» mais «tu as conjuré, bavarde, la venue du crépuscule», telle l'héroïne des Mille et une nuits.

8. L'ÈRE POST-EUROPÉENNE

Ceux qui se sont retroussé les manches pour faire œuvre pie ont eu du mérite et on peut leur rendre grâce. Quand ils ouvrent le chantier, en matière de culture, laquelle n'est pas achèvement mais fondement, les carottes sont cuites. Années 1950. Sans parler du tracteur à la campagne et du frigidaire à la maison, le GI prend dans les cœurs la place du beau légionnaire, le saxo de l'accordéon, le boogie-woogie du bal musette, Rita Hayworth et Lauren Bacall de Viviane Romance et Danielle Darrieux, John Wayne et Humphrey Bogart de Fernandel et Gabin. L'hôtesse de l'air a envoyé promener la Madone des *sleepings*, les bas résille de Cyd Charisse, les trucs à plumes de Mistinguett, le pop-corn à l'entrée du multisalle le chocolat glacé de l'ouvreuse à l'entracte, et bientôt *Hallowen* remplacera la Toussaint, le *Black Friday* la semaine des soldes et le *curator*, le commissaire d'exposition (le 4 juillet n'étant pas encore fête nationale). Tintin, sur place, fait de la résistance, mais Mickey Mouse a déjà fait le tour du monde. D'où un décalage entre l'intégration des États et la désintégration des repères. Même préemption en matière stratégique. Faire bande à part devenait impensable dès lors que la *pax americana* couvrait l'ensemble du théâtre à la satisfaction de tous (de Gaulle mis à part, seul à regimber). L'Europe européenne tourne au mantra quand l'*européanité* se voit dissoute dans l'*occidentalité*, dont le centre de gravité a franchi l'Atlantique. Rome n'est plus dans Rome. Qui se sait et se sent occidental n'éprouve pas le besoin de se dire européen, qui se sait intimement européen préfère se dire, en public, occidental. L'Europe, en tant que maître des horloges et non union douanière, arrive trop tard dans un univers qui a basculé. Fâcheux contretemps. On a beau se répéter, par ailleurs, que l'union fait la force et qu'il faut avoir la taille pour peser, force est d'admettre que la recherche du plus grand dénominateur commun peut, au-delà de six ou de douze partenaires, affaiblir les forts et qu'une addition fait une pesanteur de plus, quand c'est l'agilité, l'atout maître dans la bagarre, non la taille (Singapour, Israël, le Qatar ou la Suisse, en témoignent). La guerre froide terminée, quelle poisse, l'Europe, de retardataire, devient étriquée. Le libre-échange mondial se moque des anciens parapets. Le format n'est plus à l'échelle et fait entrave, non tremplin. François, le premier pape non-européen, est un pape global. Globaux sont les grands groupes industriels ou financiers. Renault ne fait pas alliance avec Mercedes mais avec Nissan. Et Airbus a détrôné le Trans-Europe-Express. Le mythe Europe avait l'âge du train.

Au déphasage chronologique, s'en est rajouté un autre, entre les données sensorielles et la donne organisationnelle, de tout temps incertaine (quelles frontières pour l'Europe?). Une géographie élastique empêche l'appropriation culturelle d'un espace naturel, car personne ne sait où l'Europe commence et où elle finit. Le Bosphore, la Laponie, l'Oural, Chypre? Cela dépend des intérêts et des longitudes. L'Europe-culture, l'Europe-territoire et l'Europe-institution ne se superposent pas, d'autant qu'en termes de mémoire et de mentalité, il faudrait parler *des* Europe – la catholique, la protestante et l'orthodoxe. La Méditerranéenne a d'autres plis et songes que l'Atlantique et la Balkanique. Il n'y a pas concordance entre les versants subjectifs et objectifs du prête-nom « Europe » – ce qui rend l'adhésion non vécue mais contrainte et polie. La géographie est sur nos rails et nos autoroutes. Le droit est dans nos lois, par les directives et les arrêts. L'Union n'est pas dans nos fibres. Cette non-personne pèse de l'extérieur, sans habiter notre intérieur.

La force des choses n'accuse personne, et à considérer les obstacles matériels qu'ont eus à surmonter les poursuivants d'un furet aussi fuyant, on ne peut qu'admirer leur ténacité et leur doigté. Rappelons-nous que les hommes font l'histoire mais ne savent pas l'histoire qu'ils font. Et qu'il n'y a pas d'exemple que la trajectoire d'une idée-force le long du temps ait échappé à la déviation entre le but visé et le but atteint. Au cinquième siècle, « on attendait le Christ, c'est l'Église qui est venue ». Au vingtième, on attendait Érasme, c'est M. Moscovici qui est arrivé. Cette infortune est un classique du répertoire militant et il serait injuste d'oublier « la puissance irrésistible des circonstances à laquelle l'individualité doit se plier » (Goethe). Rappelons-en quelques-unes, pour la période qui nous occupe. La mise en gloire de la « société civile », celle des intérêts privés et des hommes d'argent (au dire de Hegel, l'inventeur de l'expression), au détriment de l'État, « l'élément où se déploie l'histoire », puissance publique toujours plus décriée par nos managers. L'avance *technologique* chaque année accrue du leader de l'Occident (révolution numérique et intelligence artificielle), sachant que nos équipements pensent pour nous et que les objets courent toujours plus vite que les idées (ordi, smartphone et trottinettes électriques). Le monopole de la *mise en récit*, sachant que le monde appartient à ceux qui le représentent, et en ont les moyens techniques. Fait l'histoire celui qui la raconte mieux que personne, et indique aux périphéries les bonnes façons de se raconter : en images et non en mots – après le cinéphile à la française, le *sériophile* à l'anglo-saxonne. Après la Nouvelle Vague en noir et blanc, du Netflix en couleur. La grande marée protestante des *néoévangélismes* submergeant nos soubassements latins, sachant que l'idée qu'on doit faire son salut ensemble main dans la main, et non chacun dans son coin, est de filiation catholique. La nouvelle *volatilité* des menaces et l'*ubiquité* des lignes de front dans le cyberespace, où les conflits non-linéaires ne facilitent pas le face-à-face (type rideau de fer). Le délaissement des langues écrites et de la lecture, avec le sidérant appauvrissement du vocabulaire chez l'Européen « moyen » ou « éduqué » (58 % des Italiens n'ont pas lu un seul livre en 2016). La mise en orbite d'une même *planète jeune* partout, sachant qu'on remplit une salle plus aisément à Paris avec un show de Broadway qu'avec la Belle Hélène ou le chanteur de Mexico. Mais surtout, grand obstacle à toute fierté possible, l'évaporation non seulement des légendes mais des *expectatives partagées* qui seules font un peuple : le *bonheur individuel* en ultime devoir et loi suprême – et tout de suite. Notre bien-être privé ferait mauvais ménage avec une Europe émancipée, prouesse qui exigerait de chacun d'entre-nous de sérieux sacrifices, financiers, moraux, voire physiques. Un harnais de plus sur le dos ? Pour le « jouir sans entrave », une guéguerre d'indépendance serait une catastrophe. On se porte mieux sans grande querelle à soutenir. Le postmoderne préfère l'avoir à l'être ; et l'Europe des avoirs aurait plus à perdre qu'à gagner en faisant ce qu'il faut pour se transformer, comme le disait Michelet de la France, en une « personne », orgueilleuse de ce qu'elle fut, demeure quelque peu en sourdine, et pourrait redevenir si renaissait, improbable hypothèse, une volonté.

9. LA DÉFENSE EUROPÉENNE

C'est sans doute pour remonter cette pente à la facilité qu'un entreprenant mais très inexpérimenté Président français (2018) a relancé l'idée, on ne peut plus louable, d'une Armée européenne, en rajoutant un *sigle*, l'IEI (l'Initiative européenne d'intervention) aux nombreux précédents. C'est la coutume maison, la preuve managériale du sérieux. Quiconque, suite à la CED (1952), ouvre le dossier PESD (Politique européenne de sécurité et de défense) plonge dans une forêt de sigles ininterrompus (dont seule une trentaine de spécialistes, en France, connaissent la signification) : UEO, HTVP, COPS, GTVE, PSDC, EUFOR. Peu importe si les initiales restent sans contenu, comme les Conventions, sans effet (ainsi de la CSP, ou Coopération structurée permanente, prévue en 2007 par le Traité de Lisbonne). Ce qui compte, c'est le *quick* de l'abréviation, version techno de l'art oratoire, le parler *cash* sonnant efficace. On retrouve ici, à la bonne heure, le dédoublement banquet/banquier, prédication/exécution. Le votif d'un côté, source d'espoir, le factuel de l'autre, source d'embarras (le réel, c'est ce qui résiste). La Belgique venait d'acquérir le F-35 de Lockheed-Martins, en 35 exemplaires, pour équiper son armée de l'air (et non l'Eurofighter ou le Rafale de Dassault, *made in Europe*), avion de chasse dont les informations en vol remontent en temps réel au fabricant américain, donc au Pentagone, choix qui avait également été celui des Royaume-Uni, Italie, Pays-Bas, Danemark, et serait bientôt celui de la Grèce, Roumanie, Pologne, Finlande, quand il ne fut plus bruit, dans les médias et les hémicycles, que d'une Défense souveraine. L'incantation n'a pas fait mention du coup de Jarnac flamand, sans commentaires en haut lieu. Un expert en armement, laconique, conclut: «Tous les Européens voleront en 2045 sur des avions américains. Le reste, c'est de la philosophie.» Le nom noble du bla-bla en langue militaire.

Mutualiser des services d'intendance ou de logistique reste toujours possible, mais s'il s'agit d'une force opérationnelle, une flopée de questions toutes bêtes vient à l'esprit du pékin. Quelle nationalité, le haut Commandement? Quelle langue parlera-t-on au mess des officiers entre un Letton, un Espagnol, un Français, un Allemand…? Et les ordres transmis aux différents échelons, en volapük intégré? L'esprit de corps laisserait à désirer. Combien de doigts sur le bouton nucléaire? Quel sanctuaire sera couvert par la dissuasion existante, à quelle ligne rouge franchie se déclencherait «l'ultime avertissement» avant le feu nucléaire ? Mais surtout, comment s'accorder sur une stratégie, un ciblage commun, une même évaluation des menaces, ou, en d'autres termes, comment s'opérera la fusion des intérêts nationaux, des antagonismes historiques, des situations géographiques ? Que faire, pour un déploiement rapide, voire une réaction en quelques minutes, de la règle de l'unanimité requise – notamment en Allemagne, où le statut de protectorat garantit la morale pacifiste, et où l'armée est contrôlée par le Bundestag. Combien de jours l'indispensable concertation, quelle durée la délibération préalable ? Exigera-t-on d'un soldat polonais d'exposer sa vie au Mali, ou d'un Français de se battre à mort en Lettonie ? Mourir pour l'Europe quand mourir pour sa patrie n'est déjà pas une idée très courante ?

Les professionnels ont beau jeu de répondre que l'armée européenne existe déjà, qu'elle s'appelle l'OTAN et que l'interopérable est *made in USA*. Il s'agit donc en fait de partager le fardeau, non la décision bien sûr, vu que Washington, et on peut le comprendre, trouve injuste de payer 70 % des frais de l'Organisation, et ne voit pas pourquoi 28 pays prospères pourraient se la couler douce avec un budget cumulé de 200 milliards d'euros, quand le sien est de 700 milliards. Le deuxième pilier de l'OTAN, évidemment, nos atlantistes le recherchent depuis un demi-siècle, mais pourquoi une Armée sécessionniste, quand presque tous les systèmes d'armes, d'alerte, de détection et de communication déjà en usage proviennent d'outre-Atlantique? Le *Boss* a pu faire cracher au pot, en 2003, la «nouvelle Europe» pour subvenir aux frais d'occupation de l'Irak, mais peut-on envisager que la même accepte de payer pour les interventions de la France en Afrique? Tout indique qu'il n'est pas dans ses vues de lâcher la proie pour l'ombre – un système établi et fort, pour un autre incertain et faible, risquant, précise-t-on, de saborder la première.

Penser la guerre sur le modèle économique, c'est concevoir l'Armée comme un outil (de défense), quand il s'agit d'une *Institution*, dont les valeurs ne sont pas celle d'une entreprise (qui peut, contrairement à un pays, disparaître et se remplacer). Un soldat n'est pas un ouvrier spécialisé. Ce qu'une culture du résultat peut demander à des Préfets – «j'attends de vous que vous soyez des entrepreneurs de l'État» –, elle ne peut pas le demander à des combattants qui mettent leur vie en jeu. Le manager veut de l'efficace mais en remplaçant l'illusion lyrique par l'illusion entrepreneuriale, il retombe malgré lui dans de l'inopérant. «La guerre, comme chacun sait depuis Clemenceau, est une chose trop sérieuse pour être laissée aux militaires.» Trop sérieuse aussi pour être laissée à des inspecteurs des finances qui n'ont jamais tiré un coup de fusil. Le fonctionnel, en ces matières comme en d'autres, pour devenir opérationnel, doit inclure l'existentiel. On ne doute pas que notre présent président soit averti de ce porte à faux, envisager les problèmes de l'extérieur, sous l'angle utilitaire, quand la guerre, pour les humains qui doivent la faire, est toujours une question d'expérience, de motivation et de conviction, mais il n'est pas sûr que le public auquel il s'adresse, déshabitué de ces choses, en soit toujours conscient.

10. LA CONFUSION DES SENTIMENTS

Le sempiternel cliché selon lequel l'histoire se répète toujours deux fois, la première en tragédie, la seconde en farce, a le tort de dissocier deux registres dramatiques qui fraternisent tous les jours. Sous l'angle *tragicomédie*, cette Europe, où l'on vote à un niveau et où on décide à un autre, incite autant à sourire qu'à pleurer. Un Parlement qui n'a pas l'initiative des lois, une brigade franco-allemande pour des défilés d'opérette, des élections aux enjeux domestiques avec chaque année moins d'électeurs, des Constitutions qui n'en ont que le nom, une diplomatie déclamatoire sans gros ni même petit bâton, dont les Chancelleries n'ont cure, cela fait *commedia dell'arte*. Avec des orateurs main sur le cœur devant des députés pouce levé (qui a remplacé, patronat oblige, le

V churchillien de l'index et du majeur), Guignol ne peut qu'applaudir.

Gribouille aussi, vu un niveau de performance toujours plus élevé dans la contre-performance, qui frôle la tragédie grecque. La fuite en avant fédérale provoquant le retour en arrière féodal, avec la renaissance des duchés, comtés et petits royaumes d'antan ; l'Union qui morcelle en régions indépendantistes le Continent qu'elle devait souder ; l'ensemble qui se démembre chaque fois que s'y ajoute un membre ; l'effacement des frontières débouchant sur l'érection de murs, le « progressiste » donneur de leçons faisant le jeu du « populiste » qu'il exècre, tout cela évoque Hegel, « le destin, c'est soi-même comme ennemi ». Ariel sert la soupe à Caliban. Et que dire du réflexe propre à tout *isme* en perdition, le poussant à réclamer d'aller plus loin encore dans la même direction ? Le communisme a perdu « parce que nous n'avons pas été assez communistes », la monarchie de droit divin parce qu'elle a trop transigé avec les ennemis de Dieu et l'Europe défaille parce qu'il n'y a pas assez d'Europe : réaction quasi réglementaire des militants d'une cause à sa mise en échec par les malheurs du temps.

Pantalon ou Sophocle ? On comprend, devant ce puzzle autopunitif, la confusion des sentiments. C'est tragique que l'Europe, la grande aventure d'une génération, l'ultime grand récit qui laisse le bec dans l'eau, soit devenu un jeu d'ombres, et que puisse être pris au sérieux ce qui l'est si peu. Accordons qu'il n'y a rien de gai à voir le Continent où fut inventée la politique, s'émasculer lui-même avec l'extension du domaine marchand à tous les aspects de la vie, la statistique en idole suprême. Il n'était pas dit qu'un projet de reclassement accélère un tel déclassement, industriel, culturel et moral. On peut tout aussi bien se réjouir de voir des Européens centenaires éprouvant une certaine difficulté d'être, trouver encore assez d'énergie pour discourir, se congratuler et signer des feuilles de vigne devant les caméras en faisant comme si («ils s'y croient encore tenus, c'est formidable»). Le pronostic fatal n'est donc pas engagé, et cette preuve que, chez les fatigués, les flux continuent de circuler dans les organes devrait rassurer ceux qui, face à une Cancanie austro-hongroise mal dissimulée, balancent entre deux craintes : l'inhumation prématurée, humainement horrible, et l'acharnement thérapeutique, pratiquement inutile.

Le soussigné ne tient pas la chronique théâtrale. Il a d'autres pupitres. Prévenu par les philosophes des civilisations (Hegel, Spengler, Valéry et Toynbee), il n'est plus loin de faire sienne la sagesse des nations : ne lâchons pas la proie pour l'ombre, et un tiens vaut mieux que deux tu l'auras. Pas ronflant mais tout bien pesé, n'est-ce pas... Rien de grand ne s'accomplit ici-bas sans passion, et vu le prix alors à payer en sueur et en sang versé, on peut s'estimer quitte avec les grosses dépenses en temps, vies et douleurs, qu'on aimerait ne pas à avoir à répéter. Pourquoi ne pas se contenter d'un *eppur si muove* ? En quel autre canton de la planète vit-on mieux et plus longtemps, gouverne-t-on moins sauvagement, est-on plus en sécurité, et en meilleure santé, avec des inégalités croissantes certes mais tempérées en France par les sursauts d'un génie maison de type égalitaire et gilet jaune, et d'un reste appréciable de droits sociaux ? N'est-ce pas vers lui, vers nous, que se dirigent les af-famés d'Afrique et les massacrés du Moyen-Orient au péril de leur vie ? *Le bonheur comme à Lausanne* (Erik Orsenna) n'a rien d'un repli déshonorant. En dehors du coucou-clock, la Suisse n'a-t-elle pas offert au monde la Croix-Rouge, qui a diminué de beaucoup la somme des souffrances ici-bas ? Dufy, rien du puissant Picasso mais un aquarelliste alerte et vif, avait coutume de dire : « Il faut savoir abandonner la peinture qu'on voulait faire par celle qui se fait. » En ce sens, le hochement de tête paraît plus indiqué que des haussements d'épaules, lesquels manqueraient d'égards pour la troupe des pro-fessionnels du spectacle qui fait ce qu'elle peut. Qui-conque se rappelle la fragilité des actes de foi, qui font qu'une civilisation tienne debout, ainsi que la difficulté d'en changer en cours de route, s'abstiendra de toute ironie déplacée. Il ne pourra pas se défendre d'une certaine compassion pour des acteurs et figurants assez consciencieux ou inconscients (ou les deux) pour soutenir à bout de bras un décor, et tenter de ranimer par de beaux discours et de vains traités l'intérêt des derniers abonnés à cette représentation, contents malgré tout de se retrouver dans les grandes occasions – dîner de gala, assemblée d'actionnaires, forum de discussion, journée de prière ou énième cérémonie électorale.

RÉGIS DEBRAY
Président honoraire de l'Institut européen
des sciences des religions (IESR)
et directeur de *Médium*, revue trimestrielle
(n°58-59 : « Comment peut-on être Européen ? »)

CE TRACT, COMPOSÉ EN TUNGSTEN ET CASLON,
A ÉTÉ ACHEVÉ D'IMPRIMER PAR NORMANDIE ROTO IMPRESSION S. A. S.
LE 18 AVRIL 2019, À LONRAI EN FRANCE SUR UN PAPIER CERTIFIÉ PEFC
PROVENANT DE FÔRETS DURABLEMENT GÉRÉES.

DÉPOT LÉGAL : FÉVRIER 2019
N°ÉDITION : 358043
N°IMPRIMEUR : 1901944

Pour mieux comprendre ce qui lui reste d'emprise sur les esprits, il faut rendre à l'idée sublime d'Union européenne son aura d'origine. Et rappeler à ceux de ses vingt-sept membres qui l'auraient oublié d'où vient la bannière bleue aux seulement douze étoiles d'or : du Nouveau Testament, *Apocalypse* de saint Jean, 12. L'emblème qui flotte au-dessus de nos têtes qui ne croient plus au Ciel remonte à l'an 95 de notre ère et célèbre l'imminent avènement du Royaume. Vision mystique engrisaillée, projet politique encalminé : les deux ne sont pas sans rapport.

RÉGIS DEBRAY